BEI GRIN MACHT SICH IHR WISSEN BEZAHLT

- Wir veröffentlichen Ihre Hausarbeit,
  Bachelor- und Masterarbeit

- Ihr eigenes eBook und Buch -
  weltweit in allen wichtigen Shops

- Verdienen Sie an jedem Verkauf

**Jetzt bei www.GRIN.com hochladen
und kostenlos publizieren**

Bibliografische Information der Deutschen Nationalbibliothek:

Die Deutsche Bibliothek verzeichnet diese Publikation in der Deutschen National-
bibliografie; detaillierte bibliografische Daten sind im Internet über http://dnb.d-
nb.de/ abrufbar.

Dieses Werk sowie alle darin enthaltenen einzelnen Beiträge und Abbildungen
sind urheberrechtlich geschützt. Jede Verwertung, die nicht ausdrücklich vom
Urheberrechtsschutz zugelassen ist, bedarf der vorherigen Zustimmung des Verla-
ges. Das gilt insbesondere für Vervielfältigungen, Bearbeitungen, Übersetzungen,
Mikroverfilmungen, Auswertungen durch Datenbanken und für die Einspeicherung
und Verarbeitung in elektronische Systeme. Alle Rechte, auch die des auszugsweisen
Nachdrucks, der fotomechanischen Wiedergabe (einschließlich Mikrokopie) sowie
der Auswertung durch Datenbanken oder ähnliche Einrichtungen, vorbehalten.

Impressum:

Copyright © 2015 GRIN Verlag, Open Publishing GmbH
Druck und Bindung: Books on Demand GmbH, Norderstedt Germany
ISBN: 9783668499126

Dieses Buch bei GRIN:

http://www.grin.com/de/e-book/371515/die-rolle-der-usa-bei-der-westdeutschen-
staatsgruendung-eine-entwicklung

Michael Baumgärtner

Die Rolle der USA bei der westdeutschen Staatsgründung. Eine Entwicklung von den Besatzungszonen bis zur heutigen Rolle Amerikas

GRIN Verlag

GRIN - Your knowledge has value

Der GRIN Verlag publiziert seit 1998 wissenschaftliche Arbeiten von Studenten, Hochschullehrern und anderen Akademikern als eBook und gedrucktes Buch. Die Verlagswebsite www.grin.com ist die ideale Plattform zur Veröffentlichung von Hausarbeiten, Abschlussarbeiten, wissenschaftlichen Aufsätzen, Dissertationen und Fachbüchern.

Inhaltsverzeichnis:

1.

„General Lucius D. Clay[1] und die amerikanische Regierung gaben nach dem Zweiten Weltkrieg einen engen Korridor vor, in dem sich die deutschen Gründungsväter bewegen konnten."

Dies sagte Rüdiger Löwe, Redakteur für internationale Sicherheitspolitik und Amerika-Experte, während einer Debatte der Konrad-Adenauer-Stiftung mit dem Thema „US-Verfassung: Vorbild für das Grundgesetz?".[2] Durch diesen „engen Korridor" ergaben sich Bindungen und Verpflichtungen der BRD gegenüber den USA, die bis heute andauern. Besonders der Marshall-Plan nahm gewaltigen Einfluss auf die Neuausrichtung Deutschlands innerhalb seiner Grenzen wie auch in der Außenpolitik. Doch auch schon vor dem Kriegsende waren die USA die bestimmende Größe für die künftige Deutschlandpolitik. Bereits Ende Oktober 1943 wurde in Moskau von den Außenministern der USA, Großbritanniens und der UdSSR über die Zukunft Deutschlands beratschlagt und man einigte sich auf einige wesentliche Punkte, wie etwa die Aufteilung des deutschen Reichs in Besatzungszonen, die Entnazifizierung und Entmilitarisierung nach der bedingungslosen Kapitulation Deutschlands.

Trotzdem blieb zunächst offen, wie groß genau der Einfluss der USA auf die westdeutsche Staatsgründung sein würde. In dieser Arbeit soll besonders die tragende Rolle Amerikas hierbei dargestellt werden sowie Grundzüge amerikanischer Politik, die sich auch heute noch im Grundgesetz oder dem politischen Alltag finden. Dabei wird zuerst auf die Entwicklung zur Bizone eingegangen, also die Vereinigung der britischen und amerikanischen Besatzungszonen. Nach der Vorstellung des Marshall-Plans und seiner Auswirkungen sowie der daraus resultierenden Währungsreform, folgt die Beschreibung des langen und hindernisreichen Wegs zur Trizone. Anschließend wird die westdeutsche Staatsgründung auf Basis der sogenannten Frankfurter Dokumente aufgezeigt. Danach wird die heutige Rolle der USA in Deutschland

---

[1] General Lucius D. Clay (1898-1978): Militärgouverneur in der amerikanischen Besatzungszone
[2] Konrad Adenauer Stiftung (Hrsg., 2009): „Das Grundgesetz wurde maßgeblich von den Amerikanern beeinflusst", http://www.kas.de/wf/de/33.16614/ (Stand: 10.05.2015)

und Europa resultierend aus ihrem damaligen Einfluss dargestellt. Eine Zusammenfassung und Würdigung der Rolle Amerikas bei der westdeutschen Staatsgründung bildet das Fazit.

2. Die Rolle der USA bei der westdeutschen Staatsgründung

2.1. Die Entwicklung der britischen und amerikanischen Besatzungszonen zur Bizone

Am 6. September 1946, mehr als ein Jahr nach Kriegsende, konkretisierte der amerikanische Außenminister James F. Byrnes in seiner sogenannten Hoffnungsrede die Grundsätze der amerikanischen Deutschlandpolitik[3]. In dieser kristallisierte sich die Bizone, also die Vereinigung der amerikanischen und britischen Besatzungszone, als Zwischenlösung heraus. Dies geschah, da die Spannungen zwischen den USA und der UdSSR sich immer mehr vergrößerten und deutlich wurde, dass eine Vereinigung mit der sowjetischen Besatzungszone nicht möglich sein würde. Zudem hatte Frankreich eigene Pläne mit seiner Besatzungszone, die sich nicht mit den Vorstellungen der Amerikaner und Briten deckten.

Die Bizone wurde nötig, da man die wirtschaftliche Unabhängigkeit der Besatzungszonen bis 1949 wiederhergestellt haben wollte. Schon kurz nach der „Hoffnungsrede", nämlich am 1. Dezember 1946, unterschrieben die Außenminister der USA und Großbritanniens den Beschluss zur Vereinigung zu einer Bizone. Allerdings vergaßen beide nicht zu betonen, dass man trotzdem auf eine wirtschaftliche Einheit Deutschlands hinarbeite. Doch bei der Fusion taten sich einige, auf den ersten Blick nicht ersichtliche, Schwierigkeiten auf, nämlich die unterschiedlichen administrativen und politischen Strukturen, die in der britischen und amerikanischen Zone gegeben waren. Zusätzlich verteidigten die Deutschen die unterschiedlichen Systeme in ihren jeweiligen Zonen energisch,

---

[3] Benz, Wolfgang: Auftrag Demokratie, Die Gründungsgeschichte der Bundesrepublik und die Entstehung der DDR 1945–1949, Berlin 2009, S. 160

obwohl sie unter ihnen erst für kurze Zeit lebten und arbeiteten, so dass die Fusion zur Bizone stockte.[4]

Die Bizone war auch für nötig befunden worden, um die immens hohen Verwaltungskosten zu senken. Dieser Plan ging nicht auf, da in der Bizone der Bürokratieaufwand nochmals deutlich anstieg. Dadurch dass verschiedenste Resorts gebildet wurden, in die auch noch die eigentlich unvereinbaren Systeme Großbritanniens und der USA eingebracht wurden, wurde auch die wirtschaftliche Handlungsfähigkeit stark eingeschränkt. Dabei bildeten sich schon früh zwei Positionen, die später auch bei der westdeutschen Staatsgründung eine tragende Rolle spielen sollten. Zum einen die süddeutsche, föderalistische Haltung unter dem Einfluss der Amerikaner und zum anderen die norddeutsche, zentralistische Einstellung, die den Vorstellungen der Briten entsprach.

Insgesamt war die Entwicklung zur Bizone durchzogen mit solchen Konflikten, sogar die Hauptstadt Frankfurt am Main wurde erst in einem langwierigen Prozess auserkoren. Zusätzlich zu den politischen Problemen kam auch noch der Hungerwinter 1947. Doch erst nach der Moskauer Außenministerkonferenz, in der erneut die Aussichtslosigkeit einer gemeinsamen Deutschlandpolitik aller vier Mächte zum Ausdruck kam, wurden wichtige Reformen angestrebt.[5] Zusätzlich setzte General Clay eine eher marktwirtschaftliche Variante gegen die britischen Pläne durch, um einfacher an Kredite amerikanischer Unternehmer für den Aufbau der Bizone zu gelangen. Außerdem wurden ein Wirtschaftsrat und ein Exekutivrat eingesetzt, welche frühe Vorformen eines Parlaments und eines Kabinetts darstellten.[6] Diese Reformen resultierten unter anderem aus der „Truman-Doktrin"[7], welche eine Kehrtwende in der Ost-West-Politik darstellte und die Spannungen zwischen den USA und der UdSSR noch weiter verschärfte.

---

[4] Benz 2009, S. 166
[5] ebd., S. 181
[6] Görtemaker, Manfred: Kleine Geschichte der Bundesrepublik Deutschland, München² 2012, S. 29
[7] „Truman-Doktrin" (12.3.1947): Bereitschaft der USA, den durch kommunistische Bewegungen und Staaten bedrohten Ländern wirtschaftliche, finanzielle und militärische Hilfe zu gewähren

Zusätzlich scheiterte noch die fünfte und letzte Außenministerkonferenz vom 25.11.-15.12.1947 in London. Dies hatte weitreichende Folgen für die Besatzungszonen. Der Alliierte Kontrollrat, eine Versammlung der Außenminister, die 1945 zum ersten Mal stattgefunden hatte, war nach dem Scheitern der Konferenz praktisch handlungsunfähig geworden. Ab diesem Zeitpunkt war an ein vereinigtes Deutschland nicht mehr zu denken. Durch diese Zuspitzung erhöhten die USA ihr wirtschaftliches Engagement in Europa, um vor allem dem Vordringen des Kommunismus Einhalt zu gebieten. Außerdem betonten die USA und Militärgouverneur Clay, dass es kein friedliches und ökonomisch starkes Europa ohne ein wirtschaftlich gesundes Deutschland geben könne. Doch an genau dieses Europa war in den Jahren nach dem Zweiten Weltkrieg noch nicht zu denken.

2.2 Der Marshall-Plan und die Währungsreform als Grundlage der Trizone

Um eine Verelendung Europas zu verhindern, bot Außenminister George C. Marshall den europäischen Staaten an, ihnen beim wirtschaftlichen Aufbau unter die Arme zu greifen. Zum ersten Mal sprach er davon bei einer Rede für die Abschlussfeier in Harvard am 5. Juni 1947.

„Its purpose should be the revival of a working economy in the world so as to permit the emergence of political and social conditions in which free institutions can exist." [8]

Dieses Hilfsprogramm stand offen für alle europäischen Staaten, doch es wurde davon ausgegangen, dass die östlichen Staaten sich nicht daran beteiligen würden. Dies war auch nicht zwingend notwendig für eine funktionierende westeuropäische Wirtschaft. Das European Recovery Program, kurz ERP, umgangssprachlich auch Marshallplan genannt, wurde am 3. April 1948 vom amerikanischen Kongress verabschiedet und noch am selben Tag von Präsident

---

[8] Rede von George C. Marshall
http://www.europa.clio-online.de/site/lang__de/ItemID__452/mid__11373/40208215/default.aspx
(Stand: 9.10.2015)

Truman in Kraft gesetzt. Die vom Kongress bereitgestellten Hilfsgelder wurden an die Staaten verteilt, die Mitglied im OEEC, der Organisation für wirtschaftliche Zusammenarbeit und Entwicklung wurden und sich damit bereiterklärten, strenger kontrolliert zu werden. Außerdem mussten die jeweiligen Landeswährungen reformiert werden, in Deutschland wurde am 21. Juni 1948 die D-Mark eingeführt.

Amerika stellte das ERP jedoch nicht nur aus reiner Fürsorge um die hungernde Bevölkerung zur Verfügung. Vielmehr brauchten die USA einen starken Handelspartner, um ihre Waren exportieren und somit die eigene Wirtschaft stärken zu können. Dies war nötig geworden, da sich die Wirtschaft im eigenen Land in einer Rezession befand. Amerika wollte aber auch ein wirtschaftlich starkes Bollwerk gegen den Kommunismus errichten, um ihm so Einhalt gebieten zu können.[9] Außerdem wollten die USA ihren Einfluss geltend machen, vor allem in wirtschaftspolitischer Hinsicht, um Deutschland von Anfang an zu einem Handelspartner werden zu lassen. Der Marshallplan machte jedoch laut Statistiken des Wirtschaftshistorikers Barry Eichengreen weniger als 3 % des Nationaleinkommens der teilnehmenden Länder aus und hatte damit eine geringere finanzielle Tragweite als heute vielfach angenommen.[10] Wichtig war vielmehr der psychologische Effekt des Marshallplans. Schon nach der Ankündigung und der vermehrten amerikanischen Propaganda stiegen die Produktivität und auch die Hoffnung auf einen Ausweg aus dem Elend. Außerdem war der Marshallplan der Anstoß für ein gemeinsames Europa, da die Bedingung war, dass sich alle teilnehmenden Staaten auf politische und wirtschaftliche Grundzüge einigten.

Durch die im Marshallplan geforderte Währungsreform waren die USA und Großbritannien gezwungen, sich zu einem Kompromiss durchzuringen. Auch bei der Währungsreform ging es um das britische zentralistische und das amerikanische föderalistische Modell. So wurde die „Bank deutscher Länder"

---

[9] Kimmel, Elke (2005): Ausgangsbedingungen Marshallplan
http://www.bpb.de/geschichte/deutsche-geschichte/marshallplan/40014/ausgangsbedingungen
[10] Plickert, Philip: Aufbauhilfe für das zerstörte Europa. In: FAZ, 3. April 2008, S.13

gegründet, die zwar eine Zentralbank war, aber darunter in verschiedene Landeszentralbanken aufgeteilt war, nach dem Vorbild der „Federal Reserve Bank" in den USA. Zur „Bank deutscher Länder" traten auch die Landeszentralbanken der französischen Zone bei, was zu der ersten trizonalen Organisation führte.[11]

Die Währungsreform wurde im Juni 1948 durchgeführt und führte zu einem erheblichen Anstieg der Produktion. Allerdings führte sie auch zu einer Vergrößerung der Spannungen zwischen Amerika und der UdSSR, was letztlich in der Berlin-Blockade mündete. So hatte die UdSSR zum Beispiel eine Zentralbank mit einer zentralen deutschen Finanzverwaltung gefordert, was den Vorstellungen der USA zuwiderlief. Auch in der Währungsreform zeigten sich der starke Einfluss und das eigenmächtige Vorgehen der USA. Bereits im September 1947, und damit mehr als ein halbes Jahr vor der Währungsreform, wurde in Washington und New York die Deutsche Mark gedruckt, obwohl noch nicht einmal feststand, in welchen Zonen diese gelten würde.[12] Hier drückt sich einmal mehr die dominierende Rolle Amerikas bei der westdeutschen Staatsgründung aus.

2.3. Die Trizone – Eine Vorform der BRD

Juristisch gesehen hat die Trizone nie existiert, jedoch war sie lange von der Bevölkerung - vor allem in der französischen Zone - erhofft worden. Trotzdem entwickelte sich die Bizone Schritt für Schritt zu einer Art Trizone. Anfangs war es nur die Miteinbeziehung der französischen Zone in den Marshallplan auf amerikanische Initiative, doch die drei Zonen verschmolzen auch aus anderen Gründen immer mehr miteinander. Im Sommer 1948 wurde auch in der französischen Zone eine Währungsreform durchgeführt und außerdem der Passzwang an dieser innerdeutschen Grenze aufgehoben. Trotz französischen Widerstands wurde die französische Dienststelle zur Kontrolle des Außenhandels

---

[11] Benz 2009, S. 277
[12] ebd., S. 276

in die amerikanisch dominierte Joint Export-Import Agency (JEIA) eingegliedert. Allerdings wurde der französische nie dem bizonalen Behördenapparat angeglichen und hatte so auch geringeren Anteil an der gesamten westdeutschen Staatsgründung als Vergleichsweise die Administration der USA.

Am 1. Juli 1948 erhielten die westdeutschen Ministerpräsidenten die Beschlüsse der Londoner Sechs-Mächte-Konferenz in Form der „Frankfurter Dokumente". Hierbei handelte es sich um Empfehlungen für eine westdeutsche Staatsgründung. Es sollte eine verfassungsgebende Versammlung einberufen werden, die eine föderalistische Regierungsform schaffen sollte. Der Föderalismus war den USA ein besonderes Anliegen und deshalb setzten sie sich auch stark dafür ein. Die deutschen Ministerpräsidenten dagegen waren mit diesen Dokumenten nicht einverstanden und verfassten mit den sogenannten Koblenzer Beschlüssen eine Art Gegenentwurf. Darüber zeigte sich Militärgouverneur Clay erbost und reiste daraufhin mit seinem britischen Kollegen General Roberts zu den Ministerpräsidenten, um sie über die Konsequenzen der Koblenzer Beschlüsse aufzuklären. Zudem erklärt Clay, dass er das Gefühl habe, dass alles, wofür er sich drei Jahre lang eingesetzt hatte, nun zusammengebrochen sei.[13] Außerdem meinte er, dass „die Russen [...] jetzt darauf hinweisen [werden], dass die Deutschen den Weststaat nicht wollten und dass nur die Amerikaner ihn wünschten."[14] Nach einigem Hin und Her wurden die „Rüdesheimer Kompromisse" gefasst, die jedoch hauptsächlich auf den Frankfurter Dokumenten beruhten, größtenteils durch den massiven Druck Amerikas. Ein wichtiges Anliegen der Deutschen war die Erstellung einer nur provisorischen Verfassung, um eine spätere Wiedervereinigung zu ermöglichen.

---

[13] o. Verf.: Konferenz der Ministerpräsidenten der westdeutschen Besatzungszonen, Jagdschloss Niederwald, 15.-16.7.1948, in: Deutscher Bundestag (Hrsg.): Der Parlamentarische Rat, Band 1, München, 1975 S.157-171
[14] Besprechung der Ministerpräsidenten der US-Zone mit General Clay, 14.7.1948, in: ebenda, S.155

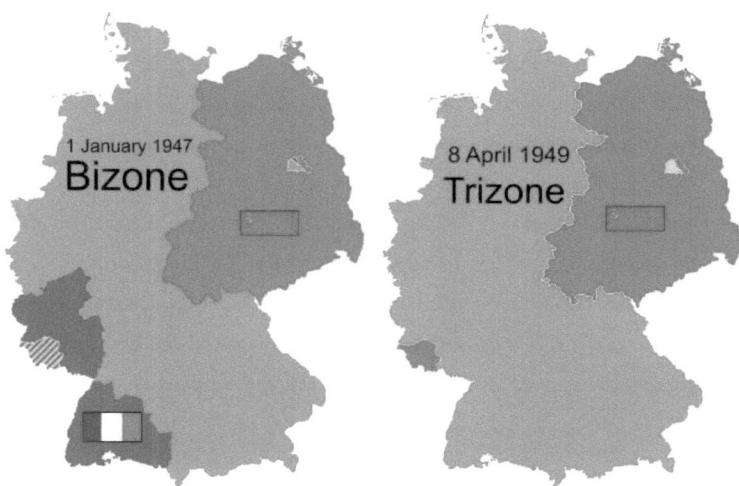

Von der Bizone zur Trizone – dem Hauptbestandteil der späteren Bundesrepublik
15

2.4 Der Ablauf der westdeutschen Staatsgründung

Den Grundstein für die westdeutsche Staatsgründung stellte der Beschluss der Amerikaner und Briten dar, ihre beiden Zonen zu vereinigen. In dieser neuen Bizone wurden die wesentlichen Voraussetzungen geschaffen für ein neues, politisch reformiertes Deutschland. Jedoch bedeutete die Bizone für die Zeit ihres Bestehens ein politisches Machtvakuum, da ein deutscher Staat völkerrechtlich nicht existierte. Dies brachte die Westalliierten dazu, in der Sechs-Mächte-Konferenz in London die „Londoner Empfehlungen" abzufassen, die den Deutschen als „Frankfurter Dokumente" übergeben wurden (vgl. Kap. 2.3). Diese waren der Wendepunkt vom amerikanischen beziehungsweise alliierten Kriegsrecht zur deutschen Selbstständigkeit.[16] Das erste der drei

---

[15] Bild: http://s603.photobucket.com/user/robert39_photos/media/k8.jpg.html
(Stand:5.11.2015)
[16] Benz 1998, S. 45

Frankfurter Dokumente beinhaltete die Erlaubnis, bis zum 1. September 1948 eine verfassungsgebende Versammlung einzuberufen. Das zweite forderte eine Neugliederung der Länder und das dritte war die Basis für das spätere westalliierten Besatzungsstatut. Am 26. Juli 1948 kamen die Ministerpräsidenten und die Militärgouverneure noch einmal zusammen, um über die letzten Streitfragen zu diskutieren. Diese waren das Referendum über die Verfassung, der Name „Grundgesetz" statt Verfassung und der Zeitpunkt der Länderneugliederung.[17] Erst nach mehreren Beratungsrunden und Kompromissbereitschaft auf beiden Seiten wurde die Sitzung mit dem Ergebnis geschlossen, dass ein Grundgesetz ausgearbeitet werden könne und die Frage der Länderneugliederung später noch einmal behandelt werden solle.

Am 10. August 1948 begannen Rechtsgelehrte, Politiker und Verwaltungsfachleute im Herrenchiemseer Verfassungskonvent über das künftige „Grundgesetz" zu diskutieren. Schwerpunkt war die spätere Möglichkeit der Integration der Ostzone und die Betonung eines Provisoriums; beide Punkte konnten die Deutschen gegen die Alliierten durchsetzen. Im Februar war das Grundgesetz im Wesentlichen fertiggestellt. Allerdings missfielen den Amerikanern die ihrer Ansicht nach zu großen zentralistischen Ansätze, doch wurden diese wegen Mangel an Zeit und dem großen Widerstand der SPD beibehalten. Besonders hier fiel auf, wie sehr die einzelnen Staaten der Alliierten mit unterschiedlichen deutschen Parteien zusammenarbeiteten. Die Amerikaner stützen sich, auch wegen ähnlicher wirtschaftspolitischer Vorstellungen, stark auf die CDU/CSU. Großbritannien hingegen, wo zur damaligen Zeit eine Labour-Regierung an der Macht war, kooperierte stark mit der SPD, dem Gegenspieler der CDU/CSU.

Am 24. Mai 1949 trat das Grundgesetz in Kraft, nachdem es von allen Militärgouverneuren genehmigt worden war. Nun wurden Vorbereitungen für die Bundestagswahl getroffen, welche am 14. August stattfand und eine Koalition zwischen CDU/CSU, FDP und der DP (Deutsche Partei) hervorbrachte.

---

[17] ders. 2009, S. 348

Zudem stellte sich Konrad Adenauer trotz seines hohen Alters als Bundeskanzler zur Verfügung. Am 7. September konstituierte sich der Bundestag und am 12. September wurde Theodor Heuss zum Bundespräsidenten, drei Tage später Konrad Adenauer zum Bundeskanzler gewählt. Am 20. September wurde auf dem Petersberg bei Bonn die Bundesrepublik Deutschland konstituiert und die vier Jahre dauernde Staatenlosigkeit aufgehoben. Danach wurden die Militärgouverneure durch das Besatzungsstatut von der alliierten Hohen Kommission abgelöst. Diese residierte auf dem Petersberg und hatte Vorbehaltsrechte gegenüber der BRD. Auch der Standort der Hohen Kommission auf dem Petersberg war bewusst gewählt, um die Überlegenheit und Macht der Alliierten über die deutsche Regierung zu demonstrieren.

Konrad Adenauer beim Antrittsbesuch bei der Alliierten Hohen Kommission am 21.9.1949

2.4.1. Die Rolle Amerikas im Westen im Vergleich zur Rolle der UdSSR in der Ostzone

Die Ostzone wurde im Verhältnis deutlich stärker von der UdSSR beeinflusst als der Westen von den USA. Dies erklärt sich dadurch, dass die UdSSR als einziger Einflussnehmer im Osten auftrat, im Gegensatz zu den USA, die sich mit Großbritannien, Frankreich und anderen europäischen Staaten abstimmen mussten. Außerdem vertrat die UdSSR viel radikaler ihre Positionen als die Westalliierten und ließ keine beziehungsweise wenige Kompromisse zu, im Gegensatz zu den USA und Großbritannien, die sich durchaus kompromissbereit zeigten. Amerika gewann zudem enorm viele Sympathien während der „Berlin-Blockade", als durch die sogenannten Rosinenbomber Westberlin mit Lebens- und Hilfsmittel versorgt wurde. Durch diese Aktion wurde die UdSSR zu einem gemeinsamen Feind gemacht und sorgte für ein gestiegenes Vertrauen der deutschen in die Amerikaner. Nicht zu vergessen ist auch die private Hilfsorganisation „CARE" (Cooperative for American Remittances to Europe) die kurz nach Ende des Krieges Lebensmittelrationen nach Deutschland schickte und somit vielen das Leben rettete. Daraufhin wurde Amerika von der Besatzungsmacht zur Schutzmacht und die UdSSR zur Verkörperung des Bösen.

Trotzdem ist der Einfluss Amerikas nicht zu unterschätzen. Viele der heute für selbstverständlich gehaltenen Grundprinzipien des deutschen Staates beruhen auf amerikanischem Einfluss. Der Einfluss besteht auch bis heute, auch wenn Westdeutschland seit den 1991 geschlossenen Zwei-plus-Vier-Verträgen seine völkerrechtliche Souveränität wiedererlangt hat. Zum Beispiel wird Deutschland durch seine Bindung zu den USA und der Mitgliedschaft in der NATO zum Partner beziehungsweise helfendem Verbündeten sei es in Kriegseinsätzen oder in humanitären Missionen. Auch wenn sich heutzutage immer öfter Kritik an den USA häuft und viele Bürger und Politiker nicht mit den Handlungen Amerikas einverstanden sind, wird trotzdem kaum von dem Kurs der USA abgewichen und meistens auch vollständig mitgetragen.

2.5 Der Einfluss Amerikas auf das heutige Deutschland und Europa

Deutschland ist heute einer der Hauptwirtschaftspartner der USA, genau wie auch im Marshallplan angestrebt. 2014 war Deutschland fünftgrößter Abnehmer US-amerikanischer Waren hinter Japan, Kanada, Mexiko und China. Zudem importierten die USA für 123,1 Milliarden US-Dollar Waren aus Deutschland und waren damit auch größter Importeur deutscher Waren.[18] Eng verbunden ist Amerika mit Deutschland auch durch die NATO, dem 1949 gegründeten nordatlantischen Militärbündnis. Zudem ist Deutschland einer der größten „Friedenstationierungsstandorte" der US-Army und führt auch regelmäßig großangelegte Übungen mit den USA durch. Zudem liegt in Ramstein das Kontrollzentrum für Drohnenflüge der Amerikaner im Nahen Osten.

Ein sehr brisantes, aktuelles Thema sind die Abhöraktionen der NSA. Allerdings sind diese kein ganz neues Phänomen. Schon bei der Ausarbeitung des Grundgesetzes durch den Parlamentarischen Rat wurden Telefone einiger führender Mitglieder abgehört, um besseren Einfluss auf die Teilnehmer der Sitzungen nehmen zu können.[19]

Der Handel zwischen Amerika und Deutschland beziehungsweise der Europäischen Union soll nun durch ein Freihandelsabkommen (TTIP)[20] noch einmal zusätzlich verstärkt werden. Auch gibt es zum Beispiel überparteiliche Organisationen wie etwa die Atlantik-Brücke, die sich nach dem Krieg für eine bessere wirtschafts-, finanz- und später auch militärpolitische Verbindung zwischen Deutschland und Amerika einsetzt.

Allerdings werden auch Unterschiede deutlich. Zum einen unterscheidet sich das Kanzlersystem grundsätzlich von dem Präsidialsystem, welches in Amerika praktiziert wird. Dies setzten die Deutschen gegen den Willen des

---

[18] Auswärtiges Amt
http://www.auswaertiges-amt.de/sid_5960FB1A157A499FCD8AD735384B83EA/DE/Aussenpolitik/Laender/Laenderinfos/UsaVereinigteStaaten/Wirtschaft_node.html (Stand: 20.10.2015)
[19] Werner 1989, S. 650
[20] TTIP: Transatlantic Trade and Investment Partnership

Militärgouverneurs Clay und der amerikanischen Regierung durch, um einen weiteren Fehlschlag wie in der „Weimarer Republik" zu verhindern.

Die Stationierung von US-amerikanischen Truppen allerdings ist offiziell nicht bei der Staatsgründung festgeschrieben worden, damals war nämlich noch der Besatzungsstatus gültig. Die Stationierung wurde erst mit dem NATO-Beitritt verwirklicht. Das Prinzip der atomaren Teilhabe, also dass in Deutschland Atomwaffen stationiert und unter der Kontrolle der USA auch von Deutschland genutzt werden, wurde auch erst weit nach der westdeutschen Staatsgründung vertraglich abgesichert, nämlich im Jahr 1957

Seit Jahrzehnten wird über die Existenz einer „Kanzlerakte" und eines „Geheimen Staatsvertrags", der neben dem Grundgesetz gültig sein soll, gerätselt. Hierbei soll es sich um streng geheime Vorbehalte der Alliierten gegenüber Deutschland handeln, über die die Öffentlichkeit nicht informiert wird. Die Existenz solcher Papiere wird stets dementiert, dennoch hält sich das Gerücht schon seit längerer Zeit und solche Nebenabsprachen werden auch von Historikern für möglich gehalten. In diesen Dokumenten würde - Vermutungen zufolge - die Kontrolle der USA über die Bundesregierung vertraglich festgeschrieben stehen, ebenso die Pfändung aller Deutschen Goldreserven. Die Glaubwürdigkeit dieser Thesen ist jedoch fragwürdig, da es keine gesicherten Dokumente darüber gibt. Zudem werden der „Geheime Staatsvertrag" und die „Kanzlerakte" oft in Zusammenhang mit aktuellen politischen Ereignissen gebracht und so interpretiert, dass es dem jeweiligen Interesse nützt.

Amerika spielt auch kulturell noch eine Rolle in Deutschland, nicht zuletzt durch die Amerikahäuser, die in letzter Zeit jedoch eine immer geringere Rolle einnehmen. Nach dem Krieg brachten aber auch hunderttausende von amerikanischen Soldaten den amerikanischen „lifestyle" nach Deutschland sowie die Idee des „american dream", die auch im Wirtschaftswunder mitschwang.

3. Zusammenfassung: Die dominierende Rolle der USA bei der westdeutschen Staatsgründung

Die Rolle der USA bei der westdeutschen Staatsgründung kann mit Sicherheit als dominierend bezeichnet werden. Die USA war noch während des Krieges zusammen mit Russland die bestimmende Macht in der Deutschlandpolitik. US-Präsident Harry S. Truman, die Außenminister Marshall und Byrnes sowie Militärgouverneur Clay waren - zusammen mit dem britischen General Robertson – die führenden Köpfe auf dem Weg der westlichen Besatzungszonen zum westdeutschen Staat. Dabei machte Clay erheblichen Einfluss der USA geltend, um die Staatsgründung nach Jahren von Staatenlosigkeit zu beschleunigen. Zwar ließen die politischen und wirtschaftlichen Vorgaben der Alliierten keinen großen Spielraum zu, trotzdem war Militärgouverneur Clay bemüht, den Deutschen die amerikanischen Vorstellungen schmackhaft zu machen. Dies gelang vor allem in der Zusammenarbeit mit der CDU/CSU, da sich deren politische Vorstellungen größtenteils mit denen der Amerikaner deckten.

Im Grundgesetz hingegen ist nur ein geringerer Einfluss der Amerikaner festzustellen, was am Durchsetzungsvermögen der damaligen Experten und Politiker liegt, die für die Ausarbeitung des Grundgesetzes zuständig waren.

Nicht zuletzt durch die finanziellen Hilfen aus den USA, schafften es die Deutschen, das Trauma des Krieges hinter sich zu lassen und zum „Exportweltmeister" zu werden. Zusätzlich gaben die Amerikaner durch den Marshallplan den Deutschen auch psychologische Anreize, natürlich unterstützt durch Propaganda, ihre politischen, gesellschaftlichen und wirtschaftlichen Leiden hinter sich zu lassen.

Obwohl viele Deutsche einer Demokratie kritisch gegenüberstanden und sich Strömungen in extreme Richtungen bildeten, auch durch das Scheitern der Weimarer Republik, war es ein klares Ziel der Westmächte, eine Demokratie zu formen, die ihren Staatsformen weitgehend entsprach. Außerdem waren die Westalliierten sich einig, eine Marktwirtschaft zu installieren. Die „soziale Marktwirtschaft" aber war eine rein deutsche Variante, die großteils durch die

Ideen und den Einsatz von Ludwig Erhard[21] und Alfred Müller-Armack[22] zustande kam.

Zusammenfassend kann man sagen, dass die USA die bedeutendste Größe im Prozess der westdeutschen Staatsgründung waren, gefolgt von Großbritannien und danach Frankreich. Eine gefestigte Demokratie, eine föderale Gliederung des Staates, eine marktwirtschaftliche Ordnung sowie außenpolitisch die Anbindung an die westliche Staatengemeinschaft können als die wesentlichen und nachhaltigen Verdienste der USA bei der Gründung der Bundesrepublik Deutschland angesehen werden.

---

[21] Ludwig Erhard (1897-1977): „Vater des deutschen Wirtschaftswunders und der sozialen Marktwirtschaft"; 2. Deutscher Bundeskanzler von 1963-1966
[22] Alfred Müller-Armack (1901-1978): Urheber des Begriffs und Mitbegründer der sozialen Marktwirtschaft

4.Bibliografie

Primärquellen:

- Economic recovery act vom 3. April 1948
  http://www.ourdocuments.gov/doc.php?flash=true&doc=82 (Stand:
  9.10.2015)

- Rede von George C. Marshall in Harvard am 5. Juni 1947
  http://www.europa.clio-
  online.de/site/lang__de/ItemID__452/mid__11373/40208215/default.as
  px (Stand: 9.10.2015)

Sekundärquellen:

- Benz, Wolfgang: Auftrag Demokratie, Die Gründungsgeschichte der
  Bundesrepublik und die Entstehung der DDR 1945–1949, Berlin 2009

- ders.: Grundgesetz der Alliierten?, Die Entscheidung für die
  Staatsgründung im Sommer 1948, in: Die politische Meinung, Heft 24
  ,1979, S. 6-17

- ders.: Zwei Staatsgründungen auf deutschem Boden, in: Informationen
  zur politischen Bildung. Deutschland 1945-1949, 259, 1998, S. 44-49

- ders.: Von der Besatzungsherrschaft zur Bundesrepublik, Stationen einer
  Staatsgründung 1946-1949, Frankfurt am Main 1984

- Feldkamp, Michael: Der parlamentarische Rat 1948-1949, Göttingen 2008

- Görtemaker, Manfred: Geschichte der Bundesrepublik Deutschland Von
  der Gründung bis zur Gegenwart, München 1999

- ders.: Kleine Geschichte der Bundesrepublik Deutschland, München[2] 2012

- Konrad Adenauer Stiftung (Hrsg., 2009): „Das Grundgesetz wurde maßgeblich von den Amerikanern beeinflusst", http://www.kas.de/wf/de/33.16614/ (Stand: 10.05.2015)

- Konrad Adenauer Stiftung (Hrsg., o. J.): Zeittafel zur Entstehung des Grundgesetzes, http://www.kas.de/wf/de/71.6208/ (Stand: 7.05.2015)

- Kimmel, Elke (2005): Ausgangsbedingungen Marshallplan http://www.bpb.de/geschichte/deutsche-geschichte/marshallplan/40014/ausgangsbedingungen (Stand: 4.11.2015)

- Payne, James L.: Did the United States Create Democracy in Germany?, in: The Independent Review, Band 11 Heft 2, Oakland 2006, S. 209-221

- Plickert, Philip: Aufbauhilfe für das zerstörte Europa. In: FAZ, 3. April 2008, S.13

- Werner, Wolfram: Art. „Quellen zur Entstehung des Grundgesetzes", in: Friedrich P. Kahlenberg (Hrsg.), Aus der Arbeit der Archive: Festschrift für Hans Booms, 1989, Feldkamp, XXVII.

- Winkler, Heinrich August: Politische Weichenstellungen im Nachkriegsdeutschland 1945–1953, Göttingen 1979